Ryppyjen takaa

© Risto Andersson 2018
Runopaja Oodi

Kannen kuva: Matilda Matsi
Taitto: Suunnittelutoimisto Tammikuu Oy

Kustantaja: BoD – Books on Demand, Helsinki, Suomi
Valmistaja: BoD – Books On Demand, Norderstedt, Saksa

ISBN 978-952-80-0548-3

Risto Andersson

Ryppyjen takaa

Sisältö

Aamukävely

Bonusvaariksi ylennyt lähti aamukävelylle
kirkkomaalle suuntasi.

Olipa tienoot muuttuneet
aurinko sulattanut hankia

hautuumaalla sukulaiset
kaverit tutut ylösnousseet

kun lumi oli laskenut
nimet näkyivät jälleen.

Kevät näytti missä kukin nyt
asui ikuisuudessa - maan alla

muistelutti.

MÖKKI

Hirsimatka

Suomussalmen Yli-Vuokissa oli
rakennettu sodan jälkeen
(niin kerrottiin) seitsemän kertaa
10 metrin kokoinen hirsitalo.

Pariskunta aikoi siitä mökin
muualle rustata merkitsi
hirret mustalla tussilla
teetti sukulaispojalla piirustukset
rakennuslupaa varten purki
kasasi isoiksi pinoksi puronvarteen
aikomalleen tonttimaalle peitti
pressuilla.

Tuli mutkia matkaan.

Maanomistajaisännän kanssa suullisesti
sovittu tonttikauppa kaatui kun
emäntä sanoi: "Ei sovi minulle."

Uutta tonttia etsimään.

Pesiönjärven rannalta se löytyi
paljon puhumisen painostamisen
jälkeen hieno niemitontti hankittiin.

Kuolema kaatoi rakentajaparin isännän.
Leski möi tontin takaisin maanomistajalle
ikionnelliselle kauppoja jo katuneelle.

Hirret jäivät puronvarteen vuosikausiksi.

Kuljetus

Mies sopi hirsikeikasta aamupäiväksi
ehdittäisiin päivänvalolla hyvällä säällä
ottamaan kyytiin purkamaan Laajan tontille.

Perustukset valmiina tarkoituksena
koota viisi kasaa
joka seinälle yksi keskelle pätkät

lastattiin yksi kerrallaan
nuppi täyttyi perävaunukin

alkoi kuitenkin sataa kura lensi kuljetuksessa
pikkukivet iskeytyivät syvälle
alimmaisiin hirret kastuivat.

Nupin hirret purettiin
mies ajatteli itsekseen hyvinhän tämä sujuu

auto lähti hakemaan maantien
varresta takalavan kuormaa

ei kuulunut takaisin
mitä hemmettiä kävi katsomassa
maantien vartta siellä
hirsikuorma nuppia ei missään.

kuljettaja soitti tunnin päästä sanoi
olevansa maalikylillä hydrauliikkavuotoa
korjaamassa tulevansa kunhan ehtii.

Odotettiin
tuntikausia ei mitään.

Alkoi hämärtää etsittiin taskulamput
metsäautotieltä kuului raskaan rekan ääniä.

Jo päivänvalolla oli vaikeuksia
lukea merkintöjä osittain auringon
polttamia

ei mitään verrattuna hämärään
pimeässä lampuilla tähystettävään tukkikauhassa
heiluvaa hirttä molemmin puolin kutakin tihrustettiin

kirottiin erikseen ja yhdessä.

Kokoaminen

Pressut pois hirsikasojen
päältä lajittelua
mitenkäs alkuun kaveri
Iistä apuun soitettiin nuoruutensa
veistämöllä harjoitellut.

Alin pelkkakehä pehmeän lahonnut
korvattiin seuraavalla kuinka
ollakaan perusta pienempi kuin kehä.

Suunnittelijalla hirrenpaksuinen mittavirhe
tasattiin puolelleen kakkoskuutosia
molempiin päätyihin sisäpuolelle lisättiin.

Alettiin nostaa seiniä yhtäkkiä muisti
mies lapsuuden leikkikalun hirsitalon
oli tämä sentään totisesti raskaampaa
muuten kyllä samantapaista

ensimmäiset helppoja mitä ylemmäs
päästiin sen vaikeammaksi kunnes
meni mahdottomaksi kahdestaan
hirsiä nostella

rakentaja vaihtoi kirvesmiehen parikseen
tukkirekkanosturi paikalle
jo ylenivät korkeuksiin hirret.

Päätykolmioihin keskelle kurkihirren
tuki rakennettiin vain humahdus
kuin maanjäristys tuntui tasakerran
päällä jaloissa kun paksu kurkinen
paikoilleen nostettiin.

Kierrätystä

Lattialankut Liakan Arviitin
purkutalosta vaimon enolta
Tornionlaaksosta
niin vanhankuivat ettei kirves
pystynyt pongahti lyödessä
hyvä jottei päähän
osunut muttei kunnon jälkeä puuhun.

Ikkunat appiukon ruotsalaiset
entiset sodanajan jälkeiset
jopattu rajan yli ei
Suomesta sellaisia saanut
silloin mistään.

Vanhat keittiönkaapit
vaaleanvihreät huutokauppatoimistosta
punanuppiset puuvetimet
vanha tiskipöytä sukulaiselta

pala palalta osa osalta
vanhaan tyyliin sopivaa
sivustavedettävä seinäraanu

rakentui talo irtaimistoineen.

Kalastusunelmat

Varaston seinällä verkkoja
laatikostossa uistimia siimapuolia kaksi
täydellistä kalakassia kapeakärkiset
pihdit koukkujen irrotukseen
molemmissa tapponuija veneessä.

Seinää vasten nojallaan
monta vapaa teleskooppeja tavallisia
kaksiosaisia vetovapa kaikissa
kelat siimoineen perukkeineen
vene rannassa.

Nainen tuli viettämään kalaviikonloppua
ajatteli kokeilla hankkimiaan
monipuolisesti kerrankin rauhassa yksinään.

Edellisen kolme viikkoa oli paikalla asustellut kirvesmies
perheineen talon viimeistelytöitä tekemässä

ammattilaisen pojat jo apuna
hommissa kaikenkarvaisissa.

Mikä näky naista odottikaan
sovitut viimeistelytyöt tehtynä
hienoa mutta

kalavehkeet sekaisin
siimoja katkenneina harakanpesinä
perukkeet tiessään uistimet hukassa.

Luvalla olivat pojat kalastaneet
ei siinä mitään kalavehkeitä eivät olleet
osanneet takaisin kuntoon laitella.

Välineet

Kaverukset
ukkoja jo molemmat reissussa rupattelivat

toinen kertoi kysymyksestään
100-vuotiaalle:" Mikässoon
ollu Hiltun elämän tärkein väline
saassa vuuessa?"

"Polokupyörälä pääsi paikasta
toiseen noppeesti
kaukana olevatkin tavoitti."

Toinen ukko entäs sinun sitten

" sähöt olit jo tulleet
meile ostettiin putkiraatio
mutta sitä peijakasta piti
kuunnela sillä samalla
peijoonin kanavalla aina vaan
ei met kläpit saatu omiamme kuunnela.

Sitten sain transistooriraation
siinnä olit neljät patterit
saattoi ottaa mukhaan ko lähit
minne vaan."

SATTUU JA TAPAHTUU

Ämmi ja Äiji

Komm o hjälpa mig / tule auttamhaan
kuului hiljaa pihalta

nolona seisoi äiji katolla
kun eivät vain naapurit näkisi
tätä tilannetta
lumijäätä putosi alas vei
tikarappuset mennessään.

Ämmi oli sanonut
monta kertaa ettet sitten mene
sinne katolle yksinäsi
koskaan ei tiedä mitä tapahtuu.

Ei sitä tahdo uskoa kun luottaa
itseensä vaikka tietää jo yli
seitsenkymppisenä ettei aivan
ole parhaassa kunnossaan.

Ämmi kuunteli ulkona vähän
kerrassaan kovenevaa ääntä
ajatteli opettaa vähän
ei mennyt kiusallakaan
kutsuttaessa tiesi ettei jaksaisi
tikapuita yksin takaisin nojalleen nostaa.

Mikä avuksi kun naapuriakaan
ei näkynyt

ämmin omatunto alkoi soimata
pakkohan sitä jääräpäätä
on mennä auttamaan mutta miten.

Miltei kuiskaten neuvottelivat
kunnes ämmi keksi
onhan siellä ikkuna
avataan se tulet sitä kautta.

No sehän se onkin helppoa
innostui äiji jo hymysuuna.

Todellisuudessa se oli
kaikkea muuta

syntymäkankea kangistunut lisää
vuosien kertyessä saanut
lonkkiinsa varaosat varoa piti

yhteistyöllä sentään jotenkuten
toinen toistaan tukien totisen pitkäkestoisen
ähellyksen kera kampeutui äiji vaikeasti
katolta huoneeseen.

Eivät aivan sisälle päälleen kaatuneet.

Miekojärven rannalla

Pariskunta harvoin enää hiihtänyt lähti
järven rantaan tarkoituksenaan pudottaa
liikaa kertynyt lumi huopakattoisen
varaston katolta.

Auto pysäköitiin tien päähän monot suksiin
kiinnitettiin kovin oli liukas aurausvalli mistä
ukko pääsi sujahtamaan alamäkeen
kuin varkain ennen minkäänlaista tasapainoa

yhtäkkiä kaikki raajat heiluivat
sauvat nousivat heiluivat ilmassa suksetkin

jo pyllähti mies lumeen.

Mummo katsoi ensin kummissaan alkoi nauraa
nauroi katketakseen kaksinkerroin taipui

tuli siitä pissahätä vanhalle väljälihaksiselle
kamala pakko oli nopeasti
silpaista housut kinttuihin pikkuhousut polviin

alkaa pissailla mutta voi kauhistus sukset luiskahtivat
mäkeen paljaspyllyisenä laski nainen
pienen töyssyn kohdalla kaatui.

Toisiaan katselivat hämmästyksissään

alkoivat nauraa molemmat
aivan rääkymiseksi meni

ukko totesi:
"pitäisiköhän tätä useammin harjoitella?"

Harjoitus tehnee mestarin

Edellisestä hiihdosta mäenlaskusta
jotain oppineena lähtivät

ukko ja mumma höylätylle
ladulle hiihtoa harrastamaan.

Tasaisella se alkoi jo sujua
perinteistä tyyliä harjoiteltiin
ylämäessäkin.

Latu oli painunut syvälle
kevätauringon kilotuksesta

kun vastaan tuli alamäki
vauhti kiihtyi mahdottomaksi

nuorempana siitä olisi nauttinut
tuulen vinkuessa korvissa
vain työntänyt lisää vauhtia kyykistynyt alemmas
antanut mennä hihkunut ilosta

mutta vanhana
piti yrittää keksiä jarrutuskeinoa.

Ukko päätti yrittää jarruttaa
nostamalla toisen suksen ladulta
auraamista sillä ajatteli kokeilla

mutta voi kauhistus sentään

suksiluistelijoille tehty alusta
liian kova jalat erkanivat
toisistaan liikaa vaikka kuinka
yritti vastaan panna.

Haaroväli leveni nyt
alkoi jo sattua

tosissaan

pakko oli heittäytyä maahan
lumipöllyssä vihdoin pysähtyi
kipu kirvelsi pahasti haaroissa.

Seuralainen tuli auraten paikalle
jalat tutisten

ukko irvisteli tuskissaan

jotenkuten pääsivät pois sieltä
ilman helikopterin lentoa moottorikelkan
kyytiä.

Seuraavana päivänä toinen jalka
mustana koko pituudeltaan
sattui muutaman viikon.

Siihen jäivät hiihtoharjoitukset.

Mökkiläisten hankihiihto

Aurinko paistoi täydeltä terältään
Kainuun kevät häikäisi
hankikelit parhaimmillaan.

Parin päivän lämmittämisen jälkeen
näytti hirsitalokin jo parhaita puoliaan
oli aikaa mahdollisuus hiihtämiseen
lämpimään takaisin palata.

Pariskunta suuntautui koilliseen missä
tahansa pystyi hiihtelemään suolla
avohakatun metsän päällä
järvillä metsissä mikä ilo mennä porhaltaa
metriä korkeammalla kesää

onni autuus pikkupakkasta.

Käännyttiin pohjoiseen siitä länteen pitkä
lenkki ajateltiin tehdä puita väisteltiin

yhtäkkiä tultiin tielle vaaran
kupeessa näkyi suuri talo kattoineen
ennennäkemätön ai tännekinkö
on joku talon rakentanut
piipusta kohosi savua.

Mukavaa uusia naapureita käydäänkö
katsomassa tutustelemassa

kierrettiin alavaaran puolelta pihalle.

Mutta tämähän on meidän mökki.

Sisumummi ja juoruämmät

Kallen naapurina sisumummi Kerttu
omaishoitajana halvatulle miehelleen
pieni varreltaan pippurinen
tutuksi tullut kakuista pikkuleivistä

molemminpuolisesta kunnioituksesta
naapuriavusta monenlaisesta
lämminhenkisistä yhteisistä kahvihetkistä
ajatuksenvaihdoista.

Porraskäytävästä alhaalta kuului
huuto APUAA APUAA APUAA
KALLEE TUU AUTTAMAAN AAPUAA

asunnon ovi paiskautui
auki Kalle eukko perässään juoksi
naapurin avuksi mitä täällä tapahtuu.

Joku hunsvotti oli työntynyt mummin
perään rapun portaasta yrittänyt
riistää käsikynkästä kassia ei ollut
mummo suostunut kaksin käsin kiinni piti
käsilaukustaan rupesi huutamaan.

Rosvo juoksi käpälämäkeen
Kalle ja vaimonsa lohduttivat
kauhistunutta kehuivat hyvin
toiminutta ei saanut voro havittelemaansa.

Muutama muukin ovi jo aukeni.

Noustiin yläkertaan kahville alettiin
kunnolla käsiteltiin puhuttiin perusteellisesti
taivasteltiin nykymenoa.

Muutaman viikon päästä ovikello
soi Kerttu sisään touhotti
tavallisesti niin siivosuinen tokaisi

JUMALAUTA noita ihmisiä.

No mitä ihmettä?

Oli naapurit juorunneet mummille
Kallen ajaneen huudon kanssa
vaimoansa takaa rappukäytävässä
vielä kysyneet saikohan se sitä kiinni
hirveä häly koko tila vain raikui.

Mummi ihmetellyt juorukellojen
juttuja mitä ne oikein puhuvat

tokaissut sitten hyytävästi huutaneensa
apua kun joku mies kävi häneen käsiksi
yritti käsilaukun ryövätä

sanoi Kallen ja vaimonsa kolmannesta
kerroksesta paikalle ensinnä ehtineen
luotettavimpia hyväsydämisiä ihmisiä
tästä talosta.

Missäs te muut olitte?

Älkää te kuulkaa pelkurit levittäkö
perättömiä juoruja naapureistanne

hävetkää.

Väljää

Lonkat vaivasivat vanhaa
varsinkin toinen varaosilla
korjattu oli hankala.

Se saattoi kuin omia
aikojaan liukua pois paikoiltaan
teki tuskallisen kipeää
vaati käynnin sairaalassa

vielä ei oltu luvattu vaihtaa
osia se kun otti niin lääkärien
älälle tunnustaa tekolonkan viat.

Oli yritettävä pärjätä varovaisesti
elellä ottaa huomioon aina ja kaikkialla.

Pahin kerta pois pullahtamisessa
koitti pilkkipäivän jälkeen kotona

äiji tuli sisään laittoi kännykän
pöydälle meni kuistille riisumaan
pilkkihaalariaan ei muistanut istua ennen
kurottamista lahkeen vetoketjuun

kertoi myöhemmin huutaneensa kironneensa
suureen ääneen voihkineensa könytessään
mitenkuten kynnyksen yli kohti keittiötä
puhelinta pöydän päällä
tunti siinä meni 10:ssä metrissä.

Vävy joutui kirveellä rikkomaan autotallin
oven apuun päästäkseen pääoven
ambulanssin ihmisille avatakseen.

Liikuttavaa

Uusi ihmissuhde toi liikuntaa
vanhenevan miehen elämään

osa vanhoista kavereista jäi
toiset hävisivät sukulaiset
vaihtuivat toisen puolen elämä liikkui
eri tavalla kuin ennen.

Kissa oli jo paikalla
saapuessani olipa siinä opettelemista
tulkintaa ilman yhteistä kieltä

vanha kissa kuoli liikutuin pakastin
kesän korvalla arkun tein hautasin
kotituomen alle

seuraava katosi
nykyinen

kaikki omalla laillaan
liikuttavia.

Kissa maukaisee sängyn
vieressä ellei tehoa
hyppää päälle työntää
päätään käsivarren alle
silitä hiero helli
rapsuta hurisee.

Hyppää lattialle maukaisee
kovempaa nyt kuule mennään

päästä ulos kierrokselle
kello aamukolmen seitsemän välillä.

On noustava
portaat alas ovet auki
tarkistettava ruoat ja vedet
yläkertaan takaisin päivän ensi liikunta.

Vaimo on hävinnyt vierestä
ovi käy jo kuuluu kissan tömpsötys portaista
se hyppää vatsan päälle
on se liikuttava
käy ilmoittautumassa rapsutukselle
menee alakertaan syömään.

Ukko könyää perään

liikunta lisääntyy.

Mummonpyörä

Edellinen jäi varastoon lumen taakse
huonokuntoinen aikansa
teillä pyöriään pyörittänyt jo
parikymmentä vuotta.

Taidan haluta uuden
mutisi bonusmummo itsekseen.

Kaupassa myyjänä samanikäinen
mieshenkilö alkoi esitellä
valikoimaa suositteli matalarunkoista
mummomallia

en minä sellaista vielä tahdo
vaihteita saa olla ehkä kolme - ei enempää.

Katsellaanko.

Monenmoisia oli esittelyssä
läskipyöristä sähköavusteisiin.

Aikansa katseltuaan mummo ihastui
yhteen hyvänväriseen mukavannäköiseen

mites tuo
mummo kyseli.

Hyvä valinta suomalainen laatumerkki
matalarunkoinen seitsemänvaihteinen.

Työrupeama

Ukko muisteli nuoruutensa savottaa Kajaanissa.

Työnantaja oli palkannut
konsultin kartoittamaan
sorakuoppansa tilavuutta.

Heti aamusta oli soraikolle
saapunut auto peräkärryineen
kärryssä heijarikaira kaksi miestä
tarkoituksenaan tunkeutua
välineillään maan syvyyteen

vastuksen muuttuminen kertoisi
soran syvyyden maalajin kussakin kohdassa.

Työ sujui erinomaisesti
kunnes

työnteettäjä liikuttuneessa
tilassa ilmestyi paikalle
katselemaan töiden sujumista.

Konsultti yritti hyvällä pitkään
saada miestä poistumaan paikalta
turhaan

vetosi työturvallisuuteen käytti
kaikki kriteerit toinen humalaisen
itsepäisenä jäi paikalle pyörimään.

Työnteettäjä halusi sitten ruveta
painimaan johon kumpikaan
työntekijöistä ei halunnut ryhtyä.

Tilanne kärjistyi
työnantaja alkoi väkivalloin työntyä tykö
kotvan pyörivät miehet juosten peräkärryä autoa
ympäri

kunnes konsultti meni autolleen
etsi löysi erämatkoilleen tarkoitetun
hätävaran viinaleilin

sitä kallisteltiin vuoronperään
ladon varjossa vain painijan
nauttiessa astian sisällystä
siihen asti kunnes sammua pätkähti

ukko nostettiin latoon.

Alettiin hommiin taas
harvoin lie moista

työajalla tapahtunut

kellään.

UNTUVIKKOA

Potut

Sinä kesänä satoi
satoi satamistaan
harmaat pilvet seurasivat
toisiaan tihutti
kaatosade seurasi
samana päivänä.

Jos aamulla oli sees iltapäivällä
myrskysi salamoi ukkosti

sadetta valtoimenaan
aina vain lisää.

Ajoissa keväällä
potut jo pantu
maahan
odotettiin hyvää satoa
edellisen huonon jälkeen.

Vanha kansa puisteli
päätään mitä tästä
tulee savivelliä pellot.

Äiji viisas paljon
oppinut nosti potun
varovasti erikseen jokaisen
hellästi kuin kanamunan

sanoi kyllä tämä tästä.

Kantoivat pojan kanssa
pärekoreilla työnsivät puupyöräkärryillä
perunat kellarille.

Nyt tehhään näin

kerättiin koivunrisuja kuusta
katajaa ladottiin maakellariin korkean
laarin pohjalle

asetettiin potut pedille

laitettiin seuraava oksakerros
perunat päälle

oksat
vuorotellen
päälle paksu oksakerros.

Äijin perheellä potut talveksi

muilla mätänivät.

Kaupunkilaisten kanala

Vesillä vuosikymmenet seilanneet
hankkivat mantereelta kesäpaikan
korjailivat rakennuksia
istuttivat kasveja maata käsittelivät

pitkäaikaisen haaveen kanalan kesäksi
toteuttivat hakivat kolme kanaa
kaukaa munia odottelivat.

Parin viikon päästä kanoista
ensimmäinen kiekaisi
seuraavalla viikolla molemmat muut.

Taisi olla melko untuvikko hänkin
opettaja pudasjärvinen
kanakukkojen myyjä.

Paloliima

Pikkupoikia isompi juoksupoika kehui
kemianliimaa yli kaiken

sillä paikkasi niin kumiteräsaappaat
kuin kaikki muutkin asiat se tarttui mihin vain
kertoi sen myös palavan vedessä.

Pojat keräsivät rahat ja ostivat yhdessä liiman
palosolan lätäkköön sitä pursottivat tikulla sytyttivät
uskomatonta liekit valtasivat lätäkön
pahalta se haisi mustan savun kehitti.

Paikalle ryntäsi jostain
talonmies kuuppalapion kanssa
pojat seurasivat ihmeissään
näytelmää

palava liima tarttui lapioon
mies hyppäsi saappaineen
hätäännyksissään lätäkköön palava
liekkiliima tarttui saappaisiinkin.

Siinä vaiheessa pojanvintiöt
häipyivät

meni liian jännäksi

kuukausitolkulla kiersivät
korttelin kaukaa.

Kiekko kulkee

Piti pakkasia päivisinkin
jää riiti rannoille laajeni
keskemmälle paksuuntui
pojat tiesivät pian
päästään pelaamaan.

Kiekollinen alue kattoi yhä
enemmän jo oli aika
lähteä vastateroitetut luistimet
jalkaan poikajoukko pyyhälsi
jäälle iloinen.

Hokkarit viuhuivat pitkin kantta
mikä ihana kirskuva ääni
mailat heiluivat joukkueet
syntyivät kuin itsestään sännättiin
pelivälineen perään tiedettiin minne
asti sai pystyi menemään pidettiin
peli rannan tuntumassa

kun
syöttö lipesi mailanlavasta
liian kovaa lämärillä lähetetty kaikki
pysähtyivät vain
kiekon ääni kuului keskellä järveä
muuntui vähän mutta kuului jatkavan matkaa

kolahti hädin tuskin kuuluvasti
rantakivikkoon lahden toisella puolella.

Vielä on sulaa keskellä tiesivät
pojat vanhoina vielä muistivat
kiekon äänen.

Joulukuusi

Oli se sentään

päästä joulukiireitä karkuun karata
ajokoiran kanssa jänismettälle.

Eipä lie muita kulkijoita
näin paria päivää ennen aattoa

rauhassa istui ukko
oikaisi selkäänsä kuusta vasten
tekaisi tulet kuunteli

missäs puput
ei kuulu vieläkään mitään.

Mutta mikäs tuolla vesakon
reunalla heiluu
hirvikö se siellä kulkee

kuusi työntyy puskasta

puuskuttava mies
hätkähtää hänet nähdessään
pysähtyy kohdalla
kaivaa satasen setelin

pistää kouraan menee menojaan.

Harvoin sitä jänismettältä euroja saa
tuumii ukko

koira haukahtaa
ajo alkaa.

Sorsa

Vaari oli saanut sorsan
kaveri oli palveluksesta maksanut

ohjeeksi tokaissut kyni se
irrota nahka lyö pataan
kokeile kypsyyttä tikulla.

Ensikertalaiset mummo ja vaari
niissä hommissa

tekivät työtä käskettyä repivät sulat
nyhtivät höyhenet
hieno tuli onpa se vieläkin suuri

mites nyt muori sanoi soita
kaverilles kysy

ei se nyt niin monimutkaista
voi olla toinen tarttui päähän toinen
veti nahasta

pää jäi mummolle käteen roiskui
verihyytymät seinälle.

Pakko oli soittaa neuvoa ei
antajalta kuitenkaan kysynyt

terävää veistä käytti käsiään jo
irtosi.

Lopun osasivat.

TESTAMENTTI

Kaksikymmentä ruusua

Tytär jo itsellinen tuli
isää äitiä tapaamaan.

Siellä he istuivat pirtissä omilla
paikoillaan suuren paksun klaffipöydän
äärellä tunnelma oli jotenkin erikoinen

molemmat näyttivät siltä kuin
heidät olisi saatu kiinni jostain
oudosta kielletystä myhäilivätkin
katselivat toisiaan.

Toden totta keskellä pöytää
seisoi vaasi täynnä
ruusuja sellaista ei tytär muistanut
koskaan kotona nähneensä.

Onko isä ostanut äitille kukkia
kumpikin puisteli päätään

äiti siirtyi hellan ääreen tokaisi
isäs net oon saanut

isä nousi pöydästä meni kamariin
laittoi lujasti oven kiinni.

Onpa kummallista
mistäs tässä nyt oon kysymys kysyi tyär

meillä kävi Julia soitti kysyi
saako tulla met lupasimma
juteltiin vanhoista ajoista.

Kuka ihmeen Julia?

Soli isäs heila ennen minua
kertoi tässä aina isääsi ajatelleensa
kaikki nämät vuosikymmenet
sanoi olleen hänen suuri rakkautensa

toi kukkiakin.

Fammun opetus

Koiranhökäle ampaisee fammun pihaan
häntä heiluu haukku kuuluu
fammu on iloinen kunnes
nuoren naisen ääni kiljuu kimakasti:

"Fammu ole kun ei koiraa olisikaan
minulla on uusi kasvatusmetodi Freddylle!"

Koiralle on näytettävä paikka
aina ja kaikkialla saati sitten
fammun fafan ja naapurinsilmien alla.

Tottahan se on ettei tytön ensimmäinen koira
juurikaan ole käskyistä välittänyt
loikkinut menemään näykkäissyt
vähän sieltä ja täältä

kovakorvainen milloin mistäkin
päätä pahkaa rynnännyt
pelästyttänyt naapureitakin.

Latino-opit löytyivät kirjasta jota
isoäiti sai luvan ruveta lukemaan.

kirjaa takaisin luovuttaessaan
viisas paljon kokenut nähnyt totesi
tyttärentyttärelleen viimeisen sanan:

"Mikäpä se tässä, tästä voisi olla apua
silloinkin kun valmiina opettajana
opetat lapsia tottelevaisiksi."

Perunkirjoitus

Äiji oli yrittänyt tontinmuodostusta
ennenkin asusteli Tornionjoen törmällä

tällä kertaa ajatteli viedä
asian päätökseen syteen tai saveen
tiesi kyllä ennestään
vaikeuskertoimen suuruuden.

Keskusteli asiantuntijan kanssa
alkoi selvittää sukulaisiaan
maailmalle levinneitä suurin
osa sentään Suomessa asuvia
Kanadassa kauimmaiset.

Löytyi sata ihmistä joilla oli
osa miehen käyttämästä tontista
muutamalla vain yksi neliömetri
jollakulla kymmeniä

jokaista piti lähestyä virallisesti
pyytää vahvistamaan tontinosan
siirto kirjallisesti anojalle vastikkeellisesti
tai lahjoituksena.

Osa sukulaisista oli muuttunut
verisitein vahvistetuista auttavaisista
lähimmäisistä vain oman edun tavoittelijoiksi

pyysivät muutamasta neliöstä
satoja jopa tuhat euroa

suurin osa onneksi oli säilyttänyt
sukunsa periaatteet.

Pitkän monimutkainen oli prosessi kanadalaiset
löytyivät vihdoin ystävän
kontaktiverkoston kautta
ennen Kanadan suomalaisseutujen
nykyään Välimerellä toimivan
suomalaispapin kautta.

Kasa selvitetyistä maapaloista
ihmisistä kasvoi välillä
vaikeata joskus tosi ärsyttävää
helpot kohteet uudestaan solmitut
sukulaissuhteet toivat toivoa
auringonpaistetta puurtajan
pintaan.

Puolitoista vuotta pakertamista
viimeiset tarkistukset
asiakirjapinkka viranomaisille

viimeinkin asiakirja kädessä

hallitsemani tontti on omani.

Samalla viikolla teki testamentin
vannotti poikiaan

kun olen lopullisesti lähtenyt sovitte
asiat keskenänne ellei sopua synny
teette perunkirjoituksen
ajallaan asianajajan kanssa

ei tällaista prosessia kukaan
enää jaksa tehdä

ei voi jättää asioita roikkumaan
vuosikausiksi - vuosikymmeniksi.

Sukupolvet

Mormor/farmor muisteli omaa mummuaan
yhteisiä kesiä Sipoon Vilkkullassa
missä kaikki piti ulkoisilta
puitteiltaan olla kunnossa tiptop

oli sitten kyse kukkapenkeistä tai
haravalla kuvioidusta kulkutiestä
jolle ei saanut edes astua.

Muisti ihmetelleensä piironginlaatikosta
löytämäänsä paksua mustaa poikkileikattua
hiuslettiä kysyneensä kenen tämä on
mummun tunnustaessa sen omakseen.

Ihmetteli nyt samanikäisenä mistä moinen
mustatukka heidän sukuunsa suomenruotsalaiseen
vaaleatukkaiseen sinisilmäsukuun lie putkahtanut tiesi
toki tataarien Suomeen muuttaneen isommin
aiemmin ettei vain joku heistä saatilla
ollut käynyt.

Mietti miten äidistään oli laisensa
tullut itsekeskeinen narsisti bättre folk
vaatii toisilta kaiken ei anna mitään
takaisin paitsi pahaa mieltä

ainaista pahaa mieltä.

Millaista on ollut elää moisen
oikuttelevan snobin tyttärenä
alistettuna vuosikymmenet
taistella omasta itsenäisyydestä

miten se on vaikuttanut omaan itseen
ihmissuhteisiini siihen
millainen minusta tuli.

Itse sentään pystyin moisen
epäterveen kierteen katkaisemaan omassa
perheessäni lasten lastenlasten kanssa

tajusin pysyä kauempana
kuitenkin saatavilla tarvittaessa

osasin rakastaa.

Virkavalta

Ämmi 60-vuotta, sai kutsun TE-toimistoon
tekemään selvää edesottamuksistaan
tai niistä joita ei miksikään laskettu
vapaaehtoistöistä.

Painaa toimistohuoneen liikennevaloja
saa vihreän astuu sisään
jää takki päällä seisomaan.

Pöydän takana istuu kaksi vakavailmeistä
virkailijaa yksi tuoli on vapaana edessä
nainen ja mies

aloittavat heti: sen ja sen lain sen ja sen pykälän
ja kyseisen lainkohdan poikkeuksen
mukaan olette saanut kutsun tänne

jargoni jatkuu pitkän tovin.

Nainen on kuullut litanian niin
monta kertaa vuosien saatossa
ettei oikein osaa pitää sitä minään
tokaisee vain lopuksi:

"no hyvinhän se teiltä meni
saako ottaa takin pois?"

Muistelee samalla sitä kertaa kun
sai TE:ltä lähetteen lääkärille
tämä ihmeissään kyseli hetken selvityksen
jälkeen: "Eikö teillä olekaan päihdeongelmaa"?

Virkailijat jatkavat vakavaa puhettaan
kun toinen heistä vetää henkeä
kysyy objekti: "Saako täällä istua?"

istuu ja kuuntelee alkaa keskeytellä
vastailla puhua

yhteisymmärrystä ei tahdo syntyä
nainen kertoo pätkä- ja tuntitöistään
osallistumisestaan kylänsä vapaaehtoistoimintaan
seurakunnan varakanttorin hommista
yrittää selvittää ettei ole omasta mielestään
mikään työnvieroksuja sosiaalipummi.

Soudetaan ja huovataan kunnes miesvirkailija
tokaisee: "Nyt tehdään näin te menette
Tampereelle siivoojakoulutukseen".

Mutta miten kipeäksi diagnostisoitu selkäni
siivoojantyön kestää entä matkat
miten pääsen sinne ajoissa
miten pääsen takaisin kotiin.

Naisvirkailija yrittää pehmentää
ehdottaa jotain muuta mutta
mies on jyrkkänä.

Täällä ei saa järkeä käyttää miettii ämmi
muistelee sitä yhtäkin TE-virkailijaa puhelimessa:
"aiotko koko loppuelämäkses jäädä sohvalle makaileen"?

Miksi moiset ennakkoluuloiset
pikkunilkit meitä kuin tikulla
saastaa työntelevät nöyryyttää saavat?

Pitkä suhde

Vaimo tarvitsi passikuvan viisumiin.

Lähdössä molemmat maalikyliin asioille.

Nainen sanoi menevänsä
siihen tuomiokirkon kupeessa olevaan
sanoi elävästi muistavansa sen kuvaamon
paikan kuin valokuvasta.

Mies alkoi auttaa aukaisi tablettinsa
alkoi etsiä osoitteita ehdotteli
yhtä ja toista jatkuvalla syötöllä.

Nainen toisti menevänsä tietämäänsä.

Ukko etsi löysi ehdotteli ei
antanut periksi kunnes

viimein löysi vaimon kohteen
sanoi osoitteen.

Vaimo kiitti iski
silmää minulle.

Toimii se näinkin.
Juuri näin se toimii pitkä suhde.

Viimeinen puku

Samaa sukupolvea oli alkanut kaatua
harva se viikko oli maahanpanijaisia
äijin vanha puku näytti nukkavierulta
kiilteli.

Ämmi astui äijinsä
kera kauppaan sanoi myyjälle
juhlapuku tarvitaan musta.

Kolmistaan katselivat vaihtoehtoja
rouva valitsi oikeasta koosta
kolme sysäsi ne ukolle koita noista.

Äiji ähisee kokoonsa nähden tukalan pienessä
kopissa ilmestyy hikisenä katseltavaksi

ämmi häärää miehen ympärillä nykii kiskoo liepeitä
silittelee olkia napittaa tarttuu nappiriviin
puistelee aikansa

tämäkö soon hyvä

joo sanoo mies istuu tuolille näyttää
kädellään kupin ryypyn kulun
pöydältä suuhun

rouva tuhahtaa.

Tämä me otetaan.

KUUMAA KIVEÄ

Lääkärissä

Äiji ja lääkäri olivat
tavanneet toisiaan säännöllisen
epäsäännöllisesti vuosikausia.

Vanhalla miehellä oli paljon
vaivoja joitain lääkittiin kaikkia
ei voitu kulumia särkyjä
siellä täällä mitä milloinkin.

Lääkäri totesi kuten aina
keskustelun jälkeen jos
sinä voisit tuota painoa vähentää
pääsisit paljon vähemmällä.

Äiji puisteli päätään kiukuissaan
siristeli silmiään sanoa möläytti
vihdoinkin ilmoille päästi

perkele jos olisit
sinä ollut sellainen nälkäkurki kuin
minä lapsena ja nuorena aina
oli nälkä et kyllä tuota ainaista
virttäsi veisaisi.

Minä syön nyt hautaan
asti syön

jossain se pitää
näkyä jotta nyt on varaa.

Tabletit

Niitä on kaikenlaisia
pyöreitä pitkulaisia
neliskanttisia pyöreäkulmaisia
kaikki kokoja
erivärisiä

joissakin on jakoviiva
toisissa molempiin suuntiin.

Kaikenlajisia oli mies vanhetessaan
odottaessaan loppuhuipentumaa
törmäysseinää kuoleman
lääkedosettiinsa työntää saanut.

Yksi poikkeaa joukosta
sitä ei saa kahtia
edes kirveellä

vaikka löisi
lekalla kirveen hamaraan.

Se on nykyajan tabletti
sellainen turhan vaikeasti käytettävä

verkkoyhteyksin varustettu.

Kielilläpuhuja

Ämmi istui naistohtorin nuoren pakeilla
Mataringissa oikein varta vasten kutsuttuna
se oli joku ikätarkistus
mikä lie.

Kyseli kummia ruotsinkielellä syömisistä
juomisista koputeltiin polvista
akilleksista kuunneltiin
sydäntä monesta kohtaa rinnasta
selästä kieltä näyttää piti
riisua panna päälle

alkoi hermostuttaa tosissaan
mitähän oikein meinaa tuo
liekö jotain vakavaa.

Toimenpiteet seurasivat toistaan
kunnes lääkäri totesi
hyvältä vaikuttaa kertoi
omalla latinallaan täysin
käsittämättömiä puhui

visst är allt bra katsoi kysyvästi
johon ämmi kiukuissaan

puhu suomea että ihmiset ymmärtää.

Tohtori hämmästyi - finska
jag kan inte finska.

No soon sitte sama jos mie lähen.

Solidaarisuus

Mummolle oli kirjoitettu
uusi resepti taas
erinimisiä tippoja silmiin.

Hän käveli apteekkiin
mutta voi kauhistus

ei ollut troppia saatavana.

Apteekin auttavainen nainen soitti lähikuntaan
pysäytti töistään palaavan
sanoi aja takaisin

hae lääke sieltä.

Parin tunnin päästä meni mummi uudelleen
sai lääkkeensä kiitti tuhannesti
sanoi mennessään:

" tämä se varmaan on sitä
tyttöjen välistä solidaarisuutta, josta
Suomen radiossa lauletaan."

Rakkauden retket

Tornion mummi tapasi miehensä
Luulajassa moniaita vuosia
sitten alku haparoivaa ilman
yhteistä kieltä tunteet
mylläsivät veivät
mennessään

monet (joen)poikkinaineet kokeneet samankaltaiset
tilanteet Tornionlaaksossa
maasta toiseen valtakunnanrajan
molemmin puolin.

Vuosien kuluessa sattunut
kaikenlaista mieleenpainuvimpana
ne lukuisat kielelliset väärinkäsitykset
mitä Umma Lennansa kanssa
on saanut kokea.

Kerrankin jäi naisen
muistikirja asiakastietoineen Luulajaan
oli pakko soittaa miehelle
pyytää häntä lukemaan nimet
yrittää ymmärtää mitä sanottiin

siittä mithään tullu
kun ummikkoruottalainen tankkasi
suomalaisia sukunimiä moneen
kertaan alkoi vain naurattaa kuulijaa

mahdottomasti.

Kriston seuratupa

Isä otti lapset mukaan seuroihin
Kristolle

sai äiti vähän omaakin rauhaa
vanhemmat kun eivät
samaa uskoa tunnustaneet.

Mona katseli taas ihmeissään seuratupaa
punainen päältä punainen sisältä lattia katto seinät
jopa mööpelitkin maalattu punaisiksi

Kristoisäntä joi veriappelsiinijuomaa punaista

kysyttäessä punaväristä hän sanoi sen
muistuttavan ihmisiä Jeesuksen verestä.

Mona oli ollut jo monta kertaa mukana
laestadiusseuroissa tiesi proseduurin

saarnamies aloitit rauhallisesti
mutta ajan kanssa alkoi ääni kohota

pikkuveli oli nukahtanut heti alussa sitten pikkusisko
isän molemmin puolin turvassa istuivat
vähän päästä heitä ei herättänyt mikään.

Saarnaajan ääni alkoi kohota:
"Sinä syntinen ihminen, kuuma kivi putoaa
päällesi"

takarivin mummut aloit keinua
tulivat liikutuksiin nousivat ylös
tunnustivat syntejään suureen ääneen
pyysivät niitä anteeksi

Monan ja suomenkielisen saarnaajan katseet kohtaavat
tyttö tajuaa samassa

tämä koskee minuakin
minäkin olen syntinen

kuuma kivi
voi kauhistus.

Pastillit ja makaronit

Mona kävi isän myötä
Mataringin kirkossa
jumalanpalveluksessa.

Kirkonmenot olivat rauhallisempia
kuin seuroissa joskus

unettavan rauhallisia.

Tyttö huomasi isänsä imeskelevän
ruskeita pastilleja

mietti itsekseen varmaan sitä
varten ettei nukahda.

Siitä lähtien tyttö piti mukanaan
makaroneja taskujen pohjilla
omina pastilleinaan niin
seuroissa kuin kirkossakin

ettei vain satu
nukahtamaan kun kuuma kivi
putoaa

ehtii väistämään.

KOHTI LOPPUA

Pääntie

Ukko lähti vaatekauppaan Suomen puolelle
tapasi siellä samat vuosikymmenet kerryttäneen
kertoi murheensa venyneistä
päänteistä noitui vaatteidentekijöitä
nykyisiä ne kun eivät osaa kunnolla
kauluksia värkätä jo muutaman käyttökerran
päästä lerppuvat eivät ryhtiään säilytä
kuin ennen.

Oltiin pitkälle samaa mieltä kunnon merkitkin
kalliit pettävät odotukset.

Oletko muuten kiinnittänyt huomiota siihen
miten eri lailla miehet ja naiset pukevat riisuvat
T-paitoja puseroita kysyi ämmi

no en mitä tarkoitat
katsos näin te miehet otatte kauluksesta
venyttäen kiinni (näyttää) pujotatte päälle
sama toistuu pois otettaessa

naiset vain vetävät päälleen ja poies.

No totta tosiaan niinhän se on enpä
ole ajatellut koskaan vaikka nähnyt aina
ei ole ollut puhetta moisesta kenenkään kanssa.

Et kait sie vain meinaa -
kysyi ukko.

Palveluksia

Eukko kertoi ukolleen uuden tutun
hoidokin nimen mutta minähän tunnen hänet
onkohan siellä muitakin jonnekin yhtäkkiä
hävinneitä tuttuja ei ole tullut
mieleenkään se paikka.

Kerran viikossa ainakin
alkoi ukko vierailla vanhainkodissa
siellä heitä oli milloin mistäkin yhteyksistä tuttuja ihmisiä
vaikka kuinka.

Vanhukset varsinkin naiset
olivat otettuja saamastaan huomiosta
ukko sai kuunnella
muistella sattumuksia muistoja jakaa
kokemuksia menneiltä vuosikymmeniltä.

Toisaalta aina kun mies sattui ruokailun
aikaan kodille haki joku mummo
hänellekin ruokaa nautti nähdessään
toisen syövän

näkikö siinä miehensä tai poikansa
muistoksi aikojen entisen

elämän.

Koivikon huussi

Koivikon talon huussi
jostain kumman syystä
sijaitsi kaukana päätalosta
metsänreunassa saattoi nähdä
kuulla eläimiä maisemaa
oksanreiästä kurkistaa.

Rauhallinen paikka kesäisin
syrjässä maailman pahuudesta
pystyi nauttimaan levonhetkestä
kaiken uurastuksen keskellä.

Talvi muutti kaiken
mitä kipakampi pakkanen
sitä helpommin halusi ihminen
vessansa tavoittaa.

Yksi pyllisti sinne toinen loristi tänne
talven kuluessa lumeen tallattu huussipolku
leveni keväällä alkoi tekoset paljastua hajukin
pesiytyi pihalle.

Traania

Hylkeen traania tuotiin
Norjasta Kemiin.

Laitettiin 200 litran
tynnyriin tulta alle
haju aivan kamala tyrmistyttävä löyhkä

pois merituulet sisäsatamasta
lemun nesteestä ajoivat

sulanut rasva lisättiin
maaokran tai punamullan kanssa

maaliksi kestäväksi
huonosti kuukausia kuivuvaksi.

Ruonalan pitkä puuaita
maalilla sudittiin

äidit tiesivät poikiensa
ainakin käyneen aidalla
nojailemassa

housunpersukset keltaisina.

Kaupunkikortti

Nuori mies sai ajokortin
Helsingissä oppi ajamaan
ruuhkaisessa kaupungissa.

Pohjoisen asukkina vuosikymmeniä
viettäneenä palasi syntymäpaikkaansa
harvoin silloinkin vain käymään
vieraantuneena siitä kaikesta paitsi

nautti vielä vanhana ukkonakin kuin omassa elementissään
tutuilla kaduilla ajamisesta vaihteli kaistaa mielikseen.

Lapin Pellossa ajoluvan hankkinut nuori nainen
ei koskaan tottunut ruuhkiin vältteli
jononmuodostusaikoja päivittäisiä
tunturien vaihtopäiviä

ei tarvinnut kuin maan- ja metsäteitä
soraisia päällystettyjä
kunnan kuoppaisia katuja
pääsi tarvitsemiinsa paikkoihin

ei halunnut kaupungeissa ajaa
kavahti pelkkää ajatusta.

Jos oli kertakaikkinen pakko kaupunkeihin
asioimaan pysäköi lähelle jatkoi
linjurilla eli soitti kyläpaikan autoilijan hakemaan.

Inhosi liikenneympyröitä liikennevaloja
ei koskaan hommannut kaupunkikorttia

edes vanhana ämminä.

Tuhka-aste

Pappa muisteli
tietään lastentarhaan
kansakouluun
keskikouluun
lukioon
ammatillisiin opintoihin
tutkintotöihin.

Nykyään puhutaan oppimisen eri asteista

me vanhat kaverukset
vertaillaan lopullisen olomuodon paremmuutta
kumman valitsisi

mato- vai tuhka-asteen.

Kaiken loppu

Vanhana tulee miettineeksi
kuolemaa entistä enemmän.

Kun läheinen ystävä sukulainen
menehtyy konkretisoituu
ajankohtaistuu asia taas kerran.

Nuorena vanhempiensa kuolemaa
pitää luonnollisena kunnes
tajuaa itse edustavansa
seuraavaa kuoleman aaltoa.

Kuolema voi koskettaa
ketä tahansa tapaturma
itsemurha sairaudet
päästää kuolleen pois

jättää muut miettimään
saa aikaan syyllisyydentunteita
omien valintojen puntarointia.

Olisinko voinut tehdä jotain
vihasinko liikaa rakastinko tarpeeksi

olisinko voinut sopia

saattaa kohdata
antaa anteeksi?

Mies, 83 vuotta

"NÄIN KÄY RETKILLÄ RAKKAUDEN."

Mies, 71 vuotta

"MENNÄÄN, JA SIINÄ SAMASSA HE MENIVÄT."

mummo mummi famu muori fammu isoäiti
taata taatto fafa isoisä ukki vaari äiti
mummo mummi famu muori fammu is
taata taatto fafa isoisä ukki vaari
mummo mummi famu muori fammu

mumma ämmi mormor farmor ahi

äijö faari veija tuora farfar mor

iti mumma ämmi mormor farmor

äiji äijö faari veija tuora farfar m

äiti mumma ämmi mormor farmor